GW00889113

EJERCICIOS DE LÉXICO

NIVEL SUPERIOR

Pablo Martínez Menéndez

UNIVERSIDAD DE
ALCALÁ

Equipo de la Universidad de Alcalá
Dirección de la colección: María Ángeles Álvarez Martínez

Programación: María Ángeles Álvarez Martínez
                      Ana Blanco Canales
                      María Jesús Torrens Álvarez

Autor: Pablo Martínez Menéndez

© Del texto: Alcalingua, S. R. L., Universidad de Alcalá, 2001
© De los dibujos: Grupo Anaya, S. A., 2001
© De esta edición: Grupo Anaya, S. A., 2001
                      Juan Ignacio Luca de Tena, 15 - 28027 Madrid

Depósito legal: M-46.249-2008
ISBN: 978-84-667-0066-5
Printed in Spain
Imprime: Huertas Industrias Gráficas, S. A.

Equipo editorial
Edición: Milagros Bodas, Carolina Frías, Sonia de Pedro
Ilustración: El Gancho (Tomás Hijo, José Zazo y Alberto Pieruz)
Cubierta: Taller Universo: M. A. Pacheco, J. Serrano
Diseño y realización de interiores: JV, Diseño Gráfico, S. L.

Se incluyen en los materiales complementarios del método SUEÑA, diseñado para la enseñanza del español a extranjeros desde el Nivel Inicial hasta el Nivel de Perfeccionamiento, estos *Ejercicios de léxico* –dentro de la colección **PRACTICA**–, obra concebida como material de refuerzo en el aula, pero que, además, puede servir como libro de auto-aprendizaje, con independencia del método SUEÑA.

Este libro se compone de noventa ejercicios que se corresponden con el Nivel Superior. El orden de los ejercicios se ha establecido por el grado de dificultad. Al final del libro aparecen las soluciones.

Índice

EJERCICIOS DE LÉXICO

1 Corrige las expresiones en negrita cuando sea necesario.

a) Aunque se conservaba joven, era una mujer **entrada de años.**

....

b) Un buen amigo nunca **te abandonará en la estacada.**

....

c) Ante aquel rival era peligroso **descender la guardia.**

....

d) La heredera acudió a la recepción **vestida de gala.**

....

e) Si necesitas ayuda **te echaré un brazo.**

....

f) Juan **se limpió las manos** en ese asunto.

....

g) Ese niño es insoportable: no deja de **dar el bote.**

....

h) El caballo llegaba **por galope.**

....

2 Sustituye la oración de relativo en negrita por un adjetivo equivalente.

a) Los bancos quieren clientes **que estén libres de deudas.**

....

b) La huerfanita **que estaba falta de ayuda** hacía tres días que no comía.

....

c) Su economía se encuentra en una situación **que es poco estable.**

....

d) Tiene un aspecto **que aterroriza.**

....

e) Tras la casa había un bosque **que no podía medirse de grande que era.**

....

f) El domador tenía un hijo **que se negaba a hacer la mili.**

....

3 Forma parejas de sinónimos o antónimos.

fétido	nefasto
liviano	sabroso
insípido	efusivo
calamitoso	hediondo
chismoso	plomizo
aséptico	discreto

4 Averigua de qué animal se trata.

a) Ha sido condenada a prisión. Cuando caminas por la calle puedes encontrar sus "pasos".

....

b) Es muy pequeña y suele viajar en chucho (si éste es flaco, mejor). Salta mucho.

....

c) Es el más tacaño de los animales; nunca invita a nada. Le gusta rebuscar en la basura.

....

d) Su máxima es "el muerto al hoyo y el vivo al bollo". Procura beneficiarse de los demás. Un auténtico carroñero.

....

e) La mejor madre. Se dedica a cuidar niños.

....

f) Astuto. Su signo es la "z".

....

 Descubre la palabra oculta. Cada ordinal representa la sílaba y la posición que ocupa ésta en la palabra que has de adivinar. La combinación de estas sílabas da lugar a otras palabras del texto.

EJEMPLO: *Pedro, PRIMERA aquí y bébete la leche. Que no me entere yo de que porque encuentras TERCERA-SEGUNDA tiras el vaso por la TODO.*

*Pedro, **ven** aquí y bébete la leche. Que no me entere yo de que porque encuentras **nata** tiras el vaso por la **VENTANA.***

a) En SEGUNDA PRIMERA-TERCERA no entras con esa pinta. ¿Has visto qué TODO? Está llena de manchas de todos los colores.

b) Mi niña, no llores tanto cuando te SEGUNDA-TERCERA, pues lo hago con todo TODO. Pero no debes beber agua de ese PRIMERA-TERCERA; aunque es muy SEGUNDA-PRIMERA, está demasiado fría.

c) Esta mesa la hice yo con TODO sacada SEGUNDA la TERCERA-PRIMERA de un hermoso roble.

d) Esa TERCERA-SEGUNDA ya no PRIMERA-TERCERA el seto, y en la herida del dedo se echa TODO.

6

Completa las oraciones con las siguientes palabras.

lobo, chantaje, decomisó, absolvió, juez, oveja, acusado, contrabando, secta, hediondo, aerofagia, delincuente

a) La policía .... toda la mercancía de ....

b) El .... condenó a tres años de prisión al jefe de la

....

c) El jurado .... al ....

d) Sus problemas de .... le convertían en un ser

....

e) El reo estaba .... de ....

f) Como era previsible, el .... se comió a la ....

7

Completa las oraciones con la palabra adecuada.

trincó, infringió, infligió, ensambló, ensartó, pilla

a) El balneario me .... lejos de casa.

b) El detenido .... todas las leyes.

c) No .... las últimas piezas.

d) El juez le .... una pena de cuatro años de prisión.

e) El delincuente .... el primer coche que encontró.

f) De una estocada .... la salchicha.

Relaciona las palabras de ambas columnas según su relación "causa-efecto".

arañazo	buitre
juicio	hipotecar
cadáver	idilio
derroche	pesticida
flechazo	cicatriz
pulga	condena

Completa las oraciones con las siguientes palabras cambiando el número cuando sea necesario y añadiendo el artículo correspondiente.

[píldora, antorcha, enema, senderismo, vicisitud, ánfora]

a) El médico le puso .... para combatir el estreñimiento.

b) .... que encontraron estaba muy deteriorada.

c) Le encanta practicar ....

d) La somnolencia se la provocó .... que se tomó.

e) .... les impidieron atrapar al delincuente.

f) El pastor portaba ....

10

Completa con las vocales correspondientes.

a) d__m__d__r

b) ch__nt__j__

c) pr__t__b__r__nt__

d) m__nd__d____nt__s

e) __mp__ct__

f) r__r__l

11 Completa las oraciones con el adjetivo más adecuado.

a) La toalla me irrita la piel; es demasiado ....

b) Fue tan .... en su respuesta que desconcertó al público.

c) Los internautas solicitaron a la compañía telefónica una tarifa

....

d) Había una niebla tan .... que no se podía ver.

e) Había muchas cuestas; era un terreno muy ....

f) Le gusta el café muy ...., por eso le echa siempre muchísima azúcar.

12 ¿De qué profesión se trata?

a) Es una chica muy atenta pese a que se pasa el día en las nubes.

....

b) Aunque pierda el juicio no es a él a quien encierran.

....

c) No es científico, pero suele trabajar con ratones y virus.

....

d) Lo suyo es la red (pero no Internet) y la caña (pero no de cerveza).

....

e) Echa por tierra sus esperanzas; unos meses después las recolecta.

....

f) Es el padre de muchísimos hermanos de distintas madres; todos le sacan la lengua.

....

13 ¿De qué objeto se trata?

a) Los locos suelen usarlo como gorro.

....

b) Bajo presión rinde más, sobre todo si se calienta.

....

c) Es un entretenimiento que, si al comprarlo no estuviera roto, habría que cambiarlo por otro.

....

d) Pese a no tener sentimientos, puede pasar de la envidia a la vergüen-za con un pequeño periodo ámbar.

....

e) Algunos perros las llevan pero ninguno se las pone.

....

f) Siempre está inmóvil en mitad de la calle y, sin necesidad de entrar a un restaurante, come "a la carta".

....

g) Si se enrolla nadie la pisa.

....

14 Averigua de qué lugar se trata.

a) A este lugar los "alumnos", todos mayores de edad, sólo acuden una vez cada varios años.

....

b) Desde que existen los lavaplatos sólo nos queda una opción en este lugar: pagar.

....

c) En este lugar trabaja gente que viste de blanco. Cuando fracasan comienzan a trabajar otros que visten de negro.

....

d) Que no te dé mala espina ni te escame, pero en este lugar hay un hombre con un cuchillo y no es raro oír a los clientes pidiéndole que les saque los ojos o les corte las cabezas.

....

e) En este lugar resulta habitual ver "chorizos" en manos de personas uniformadas.

....

f) Aquí pueden mostrar más o menos interés por ti; no obstante, su interés siempre será mayor que el tuyo.

....

15 Indica la palabra a la que se refiere cada una de las definiciones teniendo en cuenta que en la serie se dan las tres primeras letras de cada palabra.

[PIL, SAL, COL, EST, CIC, POM]

a) Medicina de pequeño tamaño, generalmente redonda.

....

b) Cantidad de dinero con la que se paga un servicio o un trabajo.

....

c) Grupo de personas unidas por motivos laborales o profesionales.

....

d) Movimiento fuerte y violento por el que se expulsa por la nariz y la boca el aire de los pulmones.

....

e) Señal de una herida que queda en la piel.

....

f) Mezcla hecha con grasa y otras sustancias, que se emplea como medicina de uso externo.

....

16 Indica la palabra a la que se refiere cada una de las definiciones teniendo en cuenta que en la serie se dan las tres primeras letras de cada palabra.

[HUE, VIT, ANT, TAL, CAN, SAL]

a) Recipiente, generalmente de barro, de boca y pie estrechos y la parte del centro más ancha, que suele usarse para contener y transportar líquidos.

....

b) Saco de tela; billete de mil pesetas.

....

c) Agujero en una superficie.

....

d) Tablero de mandos de un automóvil, situado delante del asiento del conductor.

....

e) Trozo grueso de madera, cera u otro material combustible, al que se prende fuego por uno de sus extremos para dar luz.

....

f) Mueble con puertas de cristal en el que se guardan objetos que pueden verse a través de ellas.

....

17 Escribe la palabra a la que se refiere cada una de las definiciones.

a) Golpe que se da de punta con la espada o el estoque.

....

b) Tiempo que se dedica al trabajo en un día o en una semana.

....

c) Proyecto o sistema ideal, imposible de realizar.

....

d) Hombre que monta a caballo.

....

e) Persona que se dedica a domar y manejar animales salvajes, general-mente peligrosos.

....

f) Persona que se expone a un grave peligro o sufre por culpa de otra.

....

Ordena las letras de las palabras en negrita.

Mi hermano es **armodod.** Hace unos años le gustaba ir de **azca; bre-cas, recivos, soos** y **rozsor** solían ser sus **micvatís.** Tenía una puntería excelente tanto con la escopeta como con la **listopa.** Un día vio cómo un **bloo** atacaba a unas **jovaes.** Mi hermano no lo dudó y disparó varias veces. Un **tropas** se le acercó enfurecido: el **bloo** era en realidad su **orper,** que estaba agrupando el rebaño. Mi hermano no tenía **ordien** para pagar. Desde entonces debe cumplir con la labor que desempeñaba el perro, aunque él prefiere decir que es **armodod** de **jovaes.**

19 **Sustituye las definiciones por la palabra a la que se refieren.**

a) Sólo los ricos pueden ser clientes de ese **(establecimiento en el que se ofrecen baños medicinales)** ....

b) La policía encontró un **(cuerpo sin vida)** ....
en el lago.

c) Tenía muchas pecas por la cara y su pelo era de color **(planta procedente de Oriente, de tallo bulboso y hojas estrechas, con la flor de color morado y unos estigmas de color rojo anaranjado, que se usa generalmente como condimento)** ....

d) La flecha no llegó ni a clavarse en la **(superficie redonda que tiene dibujados varios círculos con un mismo centro y que se usa como blanco de tiro)** ....

e) Cuenta una **(relación de acontecimientos extraordinarios y admirables, que parecen imaginarios más que verdaderos)** ...., que en las noches de luna llena los muertos tornaban a la vida.

f) En este bosque está prohibido **(cortar un árbol por la base)** ....

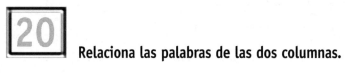

Relaciona las palabras de las dos columnas.

chucho	juez
reo	telefonía
manantial	perro
móvil	píldora
pomada	buitre
periquito	arroyo

Sustituye las expresiones en negrita por un verbo que signifique lo mismo.

a) La ausencia de intermediarios **baja el precio de** la mercancía.

....

b) El juez **tuvo piedad con** la acusada y no la condenó.

....

c) El delincuente **apretó el acelerador** para huir de la policía.

....

d) Llegó antes que vosotros porque **tomó un atajo.**

....

e) Ese banco **pone el dinero necesario para** la campaña del alcalde.

....

f) La muchedumbre **arrojaba piedras** al reo.

....

22 Corrige las palabras incorrectas.

a) El equipo de baloncesto tenía una menoscota.

....

b) Con la uña le hice un arañón en la cara.

....

c) Al prisionero lo arrojaron al calapozo más oscuro y frío del castillo.

....

d) El domador tenía preparado un número con zebras pero no lo pudo realizar.

....

e) El jinete no quería que su montura fuera a gagolpe tensivo.

....

f) Los habitantes de la isla temían que el volcán entrara en erosión.

....

Corrige los errores.

a) Un torero nunca deja a un amigo en la estocada.

....

b) Si queremos que el atraco sea un éxito no podemos bajar al guardia.

....

c) La futura mamá tuvo que hacerse una ecología.

....

d) La mujer seguía empreñada en tener un hijo.

....

e) Es muy fácil engañarlo; este invierno fue víctima de varias estufas.

....

f) Como no era disolvente no pudo pagar sus deudas.

....

 ¿Qué significa *reprobar*?

a) Actuar cruelmente sin motivos.
b) Condenar al infierno a los pecadores.
c) Probar por segunda vez una comida o bebida.
d) Aprobar un examen al segundo intento.
e) No aprobar o rechazar algo.
f) Plantar árboles en un lugar del que habían desaparecido.

 ¿Qué significa *desembocar*?

a) Bajar o salir de un barco.
b) Abrirse más de lo normal o coger mala forma una abertura de una prenda de vestir, especialmente el cuello.

c) Exceder de un límite; ir más allá de una capacidad.

d) Entrar una corriente de agua en el mar.

e) Pagar o hacer entrega de una cantidad de dinero.

f) Decir todo lo que se sabe y se tenía callado acerca de un asunto.

26 **Indica la palabra a la que se refiere cada una de las definiciones teniendo en cuenta que todas las palabras empiezan por *des*.**

a) Transformación del hielo o de la nieve en agua.

....

b) Empleo malo o mal aprovechamiento de una cosa.

....

c) Descuido o falta de preocupación.

....

d) Que tiene un color débil o pálido; que es poco claro.

....

e) Que está falto de ayuda o apoyo.

....

f) Falta de respeto a una persona o una autoridad.

....

27 **Completa las siguientes oraciones.**

a) Lo dominaba la ....; no se contentaba con lo que tenía y quería más y más.

b) El pobre hombre fue víctima de una ....: creyó que le estaban vendiendo la catedral de Burgos y les dio doce mil euros.

c) El hombre trataba a su perro a patadas y el panadero se peleó con él porque no soporta la ....

d) Había hombres que intentaban hacerle daño con acusaciones falsas. La .... es un delito, así que los denunció.

e) Si no sale bien perderemos millones, pero es un .... que hay que asumir.

f) Antes que pelearme prefiero huir, ya que detesto la ....

28 Relaciona las palabras de las dos columnas.

caza	pistola
recipiente	ventosidad
basura	coto
diana	vertedero
pandemónium	cántaro
aerofagia	infierno

29 Corrige los errores.

a) Los toreros se quejaron de su cornada laboral.

....

b) El rey salió de caza, pero no consiguió atrapar ningún siervo.

....

c) Se ha comprado un bujarrón de porcelana.

....

d) No podía cerrar la botella de limonada porque no encontraba el capón.

....

e) El edema era completamente necesario para solucionar su problema de estreñimiento.

....

f) Por culpa de la tormenta y de las innumerables averías el avión iba dando jumbos.

....

30 Completa las siguientes oraciones.

a) Si no tienes fuerza ni para abrir esa botella, está claro que sufres de ....

b) Me preocupa su ....; no siente interés por nada ni tiene afición alguna.

c) Si no pones más interés en el trabajo, te despediré por tu ....

d) Antes de encargar la obra, tendremos que pedir un .... para saber cuánto nos va a costar.

e) No puedes conducir porque ese medicamento provoca .... y podrías dormirte al volante.

f) Lo que ese juez ha hecho se llama ....: ha condenado a un hombre sabiendo que era inocente.

31 ¿Qué significa *bagaje?*

a) Falta de ganas de trabajar.

b) Consecuencia molesta que trae consigo un trabajo, profesión o actividad.

c) Conjunto de cosas que se llevan de viaje.

d) Conjunto de conocimientos o información de que dispone una persona.

e) Cosa de poco valor o poco importante.

f) Pieza que cuelga del interior de una campana y que sirve para hacerla sonar.

 Indica la palabra a la que se refiere cada una de las definiciones teniendo en cuenta que en la serie se dan las tres primeras letras de cada palabra.

[CAT, COM, CHU, COR, CHA, PAS]

a) Punto de unión de ciertas partes del cuerpo.

....

b) Perro que no es de raza o que no tiene dueño.

....

c) Persona que se dedica a cuidar ganado.

....

d) Amenaza o presión con la que se obliga a obrar a una persona de una manera determinada para sacar provecho.

....

e) Persona poco educada o de costumbres rústicas.

....

f) Prenda interior femenina que sirve para apretar el cuerpo desde el pecho hasta más abajo de la cintura.

....

33 **Sustituye la definición por la palabra a la que se refiere teniendo en cuenta que en la oración aparece con otra acepción.**

a) La meteorología impidió la **(puesta en circulación de billetes o de otros valores)** .... por televisión de la carrera ciclista.

b) El soldado murió al pisar la **(barra de grafito o de otra sustancia mineral, de distintos colores, que va en el interior de los lápices y sirve para dibujar o escribir)** ....

c) Lo metieron en el calabozo por no levantarse con el toque de **(punto central de un blanco de tiro)** ....

d) Su abuelo decidió contarles una vieja **(texto que aparece en las monedas, al pie de un cuadro o en un mapa)** ....

e) Estaba enfermo y tenía que tomar cada tres horas una **(parte de una nave espacial, en la que están los mandos de control)** ....

f) El torero fue aplaudido por su gran **(obra o dicho que molesta, causa un daño o está hecho con mala intención)** ....

 ¿Qué significa *cariz*?

a) Capacidad de atraer a los demás o de hacerse respetar por ellos.

b) Aspecto que presenta un asunto o negocio.

c) Enfermedad por la que se estropean y destruyen los dientes.

d) Impresión que deja en el ánimo un sentimiento.

e) Paño decorado con el que se adornan las paredes de las habitaciones.

f) Superficie con agujeros muy pequeños, sujeta a un aro de madera o metal, que se usa para separar las partes finas y las gruesas de una materia.

 Completa con las vocales correspondientes.

a) __sn__

b) _ll_n_m___nt__

c) __sc___dr__

d) c__c__tr__z

e) r__sp__ns__b_l_z__rs__

f) _nf___rn__

36 Completa las siguientes oraciones. Te damos la primera letra de las palabras que faltan.

a) Abrió el **c**......................... para depositar la basura.

b) En aquella **g**............................ se criaban pollos y conejos.

c) No teníamos agua porque se había roto una **t**................................

d) Los delincuentes llaman "talego" a la **p**..........................

e) El pastor estaba esquilando a sus **o**...........................

f) El **l**.............................. brillaba en el cielo.

37 Sustituye las palabras en negrita por un adjetivo que recoja aproximadamente su significado.

a) Su vecina es una mujer **a la que le gusta ir contando chismes.**

....

b) El rey murió **cuando le cortaron la cabeza.**

....

c) Sólo pedían un reparto **justo e imparcial.**

....

d) Los novatos tienen que tratar de aprender de los **que tienen mucha experiencia debido a que llevan muchos años en esa actividad.**

....

e) Las declaraciones del ministro fueron totalmente **desprovistas de energía, emoción y compromiso.**

....

f) No temas contarle tu secreto ya que es **capaz de guardar un secreto y no ir contándoselo a todo el mundo.**

....

Agrupa las siguientes palabras en campos semánticos.

> anfora, cápsula, asno, cántaro, jabalí, gragea, píldora, oso, lata, trucha, tortuga, pomada, nutria, supositorio, botella, botijo

 Indica la palabra a la que se refiere cada una de las definiciones teniendo en cuenta que en la serie se dan las tres primeras letras de cada palabra.

> INO, PAD, COM, CON, INI, MAR

a) Conjunto de personas elegidas para desempeñar una labor determinada.

....

b) Habitante imaginario de Marte.

....

c) Que no es justo; que no obra con justicia.

....

d) Actividad ilegal que consiste en comerciar con productos prohibidos.

....

e) Que no es malo; que no hace daño.

....

f) Lista donde figuran las personas que viven en un lugar.

....

 Relaciona estas palabras con las oraciones que aparecen a continuación.

> fobia, desacato, lealtad, despachurrado, trotamundos, teñir

a) Había dejado un tomate en el sillón y su suegra se sentó encima.

....

b) El reo cogió el mazo del juez y le golpeó en la cabeza.

....

c) Su tío ha estado en cinco continentes y ha visitado más de cien países.

....

d) Un día lleva el pelo rubio y al siguiente moreno.

....

e) No soporta los lugares cerrados ni el olor a perfume.

....

f) Cuando lo despidieron del trabajo, su secretario dimitió y se fue con él.

....

¿Qué significa *embelesado*?

a) Que siente una admiración o placer grande.

b) Asunto o problema que supone mucho trabajo o que es difícil de resolver, especialmente cuando lo tendría que resolver otra persona.

c) Que está especializado en una materia o un tema determinados.

d) Que ha perdido la razón o la claridad de ideas.

e) Que está confuso o alterado, y no sabe qué hacer o decir.

f) Que va muy deprisa.

¿Qué significa *voraz*?

a) Que muestra gran respeto.

b) Que es cruel y violento.

c) Que dice la verdad.

d) Que engaña o dice mentiras intentando hacer daño a otra persona.

e) Que come mucho y con ganas.

f) Que se mantiene firme en sus ideas o intenciones.

 Las siguientes palabras no existen; son resultado de combinar dos o más palabras. Relaciona cada una de ellas con su posible significado.

a) mezcaldo **( )**   **d)** vergozoso **( )**

b) paralijado **( )**   **e)** velnerable **( )**

c) plebello **( )**   **f)** derruidado **( )**

1. Que produce alegría al hacer el ridículo.
2. Que ha sido destruido haciéndolo caer mediante un sonido o conjunto de sonidos extraños que rompen la tranquilidad.
3. Detener la acción de pulir o desgastar una superficie.
4. Plato compuesto por la unión del jugo de la uva y otras frutas con el líquido que queda al cocinar en agua los alimentos.
5. Persona muy agradable a la vista que pertenece a la clase social inferior de la población.
6. Que merece respeto porque puede recibir daño fácilmente.

 ¿Qué significa *pesar*?

a) Examinar con atención las ventajas y los problemas de un asunto.

b) Depositar.

c) Aplastar o reducir el volumen de una materia sometiéndola a presión.

d) Calentar el sol.

e) Arrepentimiento por una cosa mal hecha.

f) Poner el pie sobre una persona o cosa.

45 Escribe un adjetivo que defina a las siguientes personas.

a) Mi vecino sólo piensa en ahorrar dinero y hacerse cada vez más rico.

....

b) Su hermano siempre nos invita al cine y nos compra caramelos.

....

c) Me gusta muchísimo comer pasteles, tartas y todo tipo de cosas dulces.

....

d) Tu tío está siempre tumbado sin ganas de trabajar ni de hacer nada.

....

e) A nuestro abuelo le gusta mucho estar en casa con la familia.

....

f) Puedes confiar en él; siempre dice la verdad.

....

46 Sustituye las palabras en negrita por un adjetivo que signifique lo mismo.

a) Ha fabricado un insecticida **que no huele a nada.**

....

b) Tenemos un vale **que se puede cambiar** por dos botellas de cava.

....

c) Desde la explosión llevo unos días **que no puedo oír nada.**

....

d) El nadador tiene las piernas **sin pelos** para poder desplazarse más rápido por el agua.

....

e) El sótano quedó **lleno de agua** por culpa del desbordamiento del río.

....

f) Me he comprado un vestido que tenía un precio **más bajo que la semana anterior.**

....

47 Escribe los verbos a los que se refieren las siguientes definiciones teniendo en cuenta que todos ellos empiezan por *des*.

a) Quitar o perder el ánimo o la energía.

....

b) Romper, generalmente una tela o material delgado al tirar de él.

....

c) Señalar a una persona o cosa para un fin determinado.

....

d) Ser o tener origen; provocar.

....

e) Emplear mal o no aprovechar debidamente.

....

f) Arrancar de raíz un árbol o una planta.

....

48 Los siguientes verbos no existen; son resultado de combinar dos o más palabras. Relaciona cada uno de ellos con su posible significado.

a) abastonecer ( )   d) trankilozar ( )

b) escuatrosar ( )   e) envellecer ( )

c) protejer ( )   f) ellevar ( )

1. Disminuir o hacer desaparecer la excitación del ánimo a base de comer muchos alimentos y engordar.
2. Transportar algo a un lugar más alto.
3. Suministrar palos o varas para apoyarse al andar.
4. Cubrir el cuerpo de manera bonita con pelo corto y fino.
5. Producir una excitación nerviosa superior a la del estrés.
6. Dar protección cruzando y uniendo hilos.

49 **Sustituye la definición por la palabra a la que se refiere teniendo en cuenta que en la oración aparece con otra acepción.**

a) Todas las tardes me tomo un vaso de leche **(hueso de la pierna situado en su parte anterior)** ....

b) Me encanta esta camisa pero me parece un poco **(parte anterior de la cabeza de las personas en la que están la boca, la nariz y los ojos)** ....

c) Tu primo trabaja mucho pero tú eres muy **(que está poco claro)** ....

d) Te crees muy inteligente pero no eres tan **(serie ordenada de nombres o de datos)** ....

e) Me gusta tu **(noticia que no se había dicho ni oído)** .... colonia.

f) Mi coche es más barato pero menos **(parte de un río o de otra corriente en la que el agua fluye de forma violenta)** ....

50 **Relaciona estos adjetivos con las oraciones que aparecen a continuación.**

hambriento, harto, pelmazo, delgado, despistado, soleado

a) Ya no te aguanto más.

....

b) Si empieza a hablar contigo ya no te deja en toda la tarde.

....

c) La verdad es que hoy no se ve ni una nube.

....

d) Llevo tres días sin probar bocado.

....

e) Es capaz de salir de casa sin pantalones y no enterarse hasta una hora después.

....

f) Pero cómo te puede gustar ese chico, si es un fideo.

....

51 Escribe un sustantivo y un verbo de la misma familia de cada uno de estos adjetivos.

a) diferente: ....

b) cobarde: ....

c) blanco: ....

d) falso: ....

e) frío: ....

f) negro: ....

52 Relaciona los adjetivos de las dos columnas.

revoltoso   equilibrado
angustiado   soleado
despejado   enfadado
demorado   travieso
sereno   atemorizado
irascible   retrasado

¿Cuál es el significado del adjetivo *altivo*?

a) Que trabaja con energía o rapidez; que hace muchas cosas.

b) Que está situado en un lugar superior respecto de otras cosas.

c) Que presume de tener muchos conocimientos y que, por eso, resulta desagradable.

d) Que no gusta del trato social.

e) Que muestra orgullo o se cree muy importante.

f) Que se comporta con chulería o es presumido.

 ¿Cuál es el significado del adjetivo *nocivo*?

a) Que tiene un conocimiento básico de una materia.

b) Que hace daño; que es peligroso.

c) Del lugar donde se ha nacido, o que tiene relación con él.

d) Que es tonto o torpe para aprender o para obrar.

e) Que tiene mala intención al hacer o decir una cosa.

f) Que causa molestias.

 Relaciona estos adjetivos con las oraciones que aparecen a continuación.

[desplazado, pútrido, desorientado, atribuido, inamovible, torpe]

a) Ahora mismo no sé decirte dónde está el centro de la ciudad.

....

b) Este dictador lleva más de cuarenta años en el poder.

....

c) Mi abuela se olvidó dentro del armario un kilo de carne y hasta un mes más tarde no se acordó de él.

....

d) No le dejes tocar esa porcelana tan delicada, que seguro que se le cae.

....

e) Aunque no está firmado, todo el mundo piensa que este cuadro lo pintó Goya.

....

f) El niño siente que sus padres se ocupan más de su hermanito que de él.

....

 ¿Cuál es el significado del adjetivo *irreverente*?

a) Que obra o toma decisiones importantes sin pensar en las consecuencias.

b) Que no se puede dejar sin efecto.

c) Que no es importante o que no merece ser tenido en cuenta.

d) Que no se aparta de su punto de vista o de lo que considera justo o razonable.

e) Que no muestra respeto o consideración.

f) Que no merece reverencias.

 Relaciona estos adjetivos con las oraciones que aparecen a continuación.

[abastecido, agudo, empapado, manso, hollado, enterrado]

a) No te puedes quejar: tu despensa siempre está llena.

....

b) Estábamos cavando en el jardín y nos encontramos un cofre con monedas.

....

c) En unos años el hombre pondrá su pie en Marte.

....

d) Ese león no ataca a nadie; desde pequeño ha vivido entre los humanos.

....

e) Desde luego, tu hermano le saca punta a todo; para cualquier asunto siempre tiene algo divertido e inteligente que decir.

....

f) Sólo a ti se te ocurre salir sin paraguas con todo lo que está cayendo.

....

58

Las siguientes palabras no existen; son resultado de combinar dos o más palabras. Relaciona cada una de ellas con su posible significado.

a) absllevado ( )   **d)** azulterado ( )

b) fuertito ( )   **e)** estupido ( )

c) quemablanda ( )   **f)** feótido ( )

1. Que está formado por elementos poco inteligentes muy juntos entre sí.
2. Que sucede intensamente y por azar.
3. Que es desagradable a la vista y al olfato.
4. Señal, marca o ampolla débil producida en la piel por el fuego o por ciertas sustancias.
5. Unir con la mente las cualidades de una cosa y su realidad física.
6. Que ha cambiado de color y ha perdido calidad al añadirle una sustancia de color cielo.

¿Qué significa _casto?_

a) Animal macho al que se le han quitado los órganos de reproducción.

b) Del ejército o los militares o que tiene relación con ellos.

c) Animal mamífero roedor, cubierto de pelo muy fino y espeso, que vive en el agua.

d) Genuino; que muestra los aspectos que se consideran característicos de una raza o lugar.

e) Que renuncia a la práctica del sexo o lo practica siguiendo principios morales.

f) Trozo de piedra; piedra que cabe en una mano.

 ¿Cuál es el significado del adjetivo _dúctil?_

a) Que puede recibir formas muy diversas.

b) De los dedos o que tiene relación con ellos.

c) Que está dispuesto a recibir malas enseñanzas.

d) Relacionado con el sentido del tacto.

e) Que es tranquilo o fácil de educar.

f) Del duque o que tiene relación con él.

 Sustituye los adjetivos en negrita por su antónimo.

a) Mira cómo juega al fútbol; es el jugador más **hábil** que conozco.

....

b) Esta mesa tiene la superficie **rugosa.**

....

c) Nunca he tomado una sopa más **insípida.**

....

d) ¿Qué hora es? Creo que mi reloj va **atrasado.**

....

e) Aunque no te lo creas, Juan está muy **loco.**

....

f) La herida del brazo parece **grave.**

....

62 Relaciona estos sustantivos con las oraciones que aparecen a continuación.

[soldadura, envidia, omisión, rutina, peligro, clemencia]

a) Entre los nombres de las personas que asistieron al acto no estaba el de mi madre, aunque fue una de las más destacadas.

....

b) El niño estaba jugando con la botella de lejía.

....

c) Todos los días bajo a desayunar al bar de la esquina y luego me voy a comprar el periódico.

....

d) El fontanero usaba el soplete para reparar la tubería.

....

e) Aunque el juez sabía que yo era culpable, decidió darme una nueva oportunidad.

....

f) Me gustaría tener un coche como el de mi vecino.

....

63 Sustituye las palabras en negrita por un sinónimo.

a) A uno de los hermanos lo dominaba la **lascivia.**

....

b) Esa chica va siempre muy **arreglada.**

....

c) Es un perro muy **leal.**

....

d) Es la persona más **patosa** que te puedas imaginar.

....

e) Estoy preocupado por él; últimamente muestra una actitud **pueril.**

....

f) Su padre tuvo una vida **desdichada.**

....

64 ¿Cuál es el significado del adjetivo *apático?*

a) Que es agradable y atrae a los demás.

b) Que no es agradable con los demás; que es muy difícil relacionarse con él.

c) Que no se siente atraído por nada ni nadie.

d) Que no tiene gracia ni viveza.

e) Que está distraído o pensando en otra cosa.

f) Que no le gusta tratar con otras personas.

65 Relaciona estos sustantivos con las oraciones que aparecen a continuación.

[nostalgia, capricho, despido, retención, incompatibilidad, obsesión]

a) Se empeñó en que fuéramos a cenar a un restaurante libanés.

....

b) El último día de las vacaciones no se podía circular por las carreteras.

....

c) Cuando su jefe se enteró de que estaba robando dinero de la empresa, lo puso de patitas en la calle.

....

d) No es posible que el alcalde sea también el presidente de la región; no es legal.

....

e) Echa de menos a su familia y las fiestas de su pueblo.

....

f) No consigue dejar de pensar en su difunta esposa.

....

66 Sustituye la definición por la palabra a la que se refiere teniendo en cuenta que en la oración aparece con otra acepción.

a) Mi novia está más bonita cuando no se pone **(imagen oscura que sobre una superficie proyecta un cuerpo opaco al interceptar los rayos directos de la luz)** .... de ojos.

b) Los acreedores lo persiguen y está en la más absoluta **(causa de una destrucción, caída o perdición)** ....

c) La **(composición musical que se basa en un tema y que se desarrolla a partir de él en diferentes voces y tonos)** .... del preso tuvo éxito.

d) El borracho no acertaba a meter la llave en la cerradura y tuvo que ayudarle el **(que no presenta agitación, movimiento o ruido)** ....

e) Me da **(castigo que debe cumplir una persona responsable de una falta o delito)** .... que no puedas ir a la fiesta.

f) Ahora está bien, pero durante una época tuvo problemas de **(hundimiento del terreno)** ....

67 Corrige los errores.

a) Los enamorados grabaron un corazón con sus iniciales en la certeza del árbol.

....

b) El gato lamentaba la leche del plato.

....

c) Está pensando en abandonar su apartamento y trasladarse a un pisotón.

....

d) Fue acusado de adulteriar algunos alimentos.

....

e) Me parece aberreante que vayas gritando por la calle.

....

f) La policía ha logrado aprender un cargamento de droga.

....

Relaciona estos adjetivos con las oraciones.

[tácito, tentado, mezquino, básico, chupado, eficiente]

a) Envenenó a su hermano para quedarse con toda la herencia.

....

b) No importaba qué le pidiese a su secretario; unos minutos más tarde lo tenía.

....

c) No puedo preparar paella si no tengo arroz.

....

d) Eres un guarro; deja de meterte el lápiz en la boca.

....

e) Aunque no me dijo que sí, por su forma de comportarse creo que está de acuerdo con nosotros.

....

f) Sé que el chocolate engorda mucho, pero me apetece muchísimo comérmelo.

....

¿Cuál es el significado del adjetivo _sutil_?

a) Que tiene poco valor o poca importancia.

b) Arma de fuego formada por un cañón largo montado en una culata de madera.

c) Que tiene la mente despierta y rápida; que es capaz de comprender con claridad.

d) Que es ligero, que tiene poco peso.

e) Que no se oye o se dice, pero que se supone.

f) Que es correcto y capaz de fingir amabilidad en el trato.

 ¿Cuál es el significado del verbo *enfurruñarse*?

a) Arrugarse o encogerse la frente o las cejas.

b) Llenarse de ánimo o entusiasmo.

c) Ganarse la voluntad de una persona alabándola o engañándola.

d) Meterse o empezar a participar en un asunto mal considerado.

e) Enfadarse o sentirse molesto.

f) Ponerse una prenda o abrigo.

 Las siguientes palabras no existen; son resultado de combinar dos o más palabras. Relaciona cada una de ellas con su posible significado.

a) soverbo ( )   **d)** descorado ( )

b) travierso ( )   **e)** halagancia ( )

c) asperezoso ( )   **f)** manotonía ( )

1. Buen gusto y estilo a la hora de decir palabras de admiración hacia una persona.
2. Que, inclinado hacia un lado, habla u obra sin vergüenza ni respeto.
3. Acción que se realiza con una mano y sin variación.
4. Conjunto de palabras que realizan acciones malas pero sin importancia, que están sujetas a unas reglas de ritmo y de medida y que forman una línea de un poema.
5. Palabra que tiene variación de tiempo, aspecto, modo, voz, número y persona, y que expresa de manera admirable la acción, el estado u otras propiedades del sujeto.
6. Persona muy ruda a la que no le gusta trabajar.

72 Sustituye la definición por la palabra a la que se refiere teniendo en cuenta que en la oración aparece con otra acepción.

a) En su país imaginario no existían los problemas y se respiraba una atmósfera **(instrumento musical de viento compuesto por dos placas de metal o de otro material entre las que hay una serie de pequeñas láminas que suenan al soplar o aspirar)** ....

b) Fumaba tanto que ahora sufre una faringitis **(escrito en el que se informa sobre hechos actuales)** ....

c) Esa excusa está ya muy **(sentido del cuerpo con el que se ven la forma y el color de los objetos)** ....; invéntate algo mejor.

d) Él se quedó con su primo y el **(acción de devolver la pelota del saque en tenis y otros deportes)** .... de sus amigos se fue a sus casas.

e) Todas las semanas va a la cárcel a visitar a su madre, que está **(muro grueso construido a través de un río u otra corriente, que sirve para acumular el agua o conducirla fuera del cauce)** ....

f) La verdad es que en este parque se respira un aire muy **(cilindro de hojas de tabaco enrolladas para fumar)** ....

73 Relaciona estos adjetivos con las oraciones que aparecen a continuación.

[reticente, chistoso, guarro, impoluta, utópico, recargable]

a) Su amigo está todo el día metiéndose el dedo en la nariz.

....

b) Tengo que comprar un nuevo cartucho de tinta para mi estilográfica.

....

c) Tú siempre vas sucio pero hoy vas hecho un pincel; esa camisa no tiene ni una mancha.

....

d) De momento su padre no le deja venir con nosotros porque no está muy seguro de que sea una buena idea.

....

e) Espero que llegue un momento en que no haya guerras y los hombres vivamos en paz.

....

f) A mi vecino le gusta mucho hacer bromas y contar historias divertidas.

....

 ¿Qué significa *desafío?*

a) Que se aparta del tono adecuado.

b) Provocación a una persona para enfrentarse a ella física o verbalmente.

c) Paso ordenado ante un público o un personaje importante.

d) Lucha o enfrentamiento entre dos personas o animales.

e) Ofensa que se hace al honor.

f) Que no tiene sabor.

 ¿Qué significa *susurro?*

a) Ruido continuado y suave que se produce al hablar bajo.

b) Que es tonto y lelo en comprender.

c) Aire o gas que se expulsa por el ano de forma ruidosa.

d) Ruido agudo y desagradable.

e) Acción de despedir chispas repetidas veces un cuerpo encendido o que arde.

f) Sustancia de color amarillo que forma una capa que cubre los dientes.

 Indica la palabra a la que se refiere cada una de las definiciones teniendo en cuenta que en la serie se dan las tres primeras letras de cada palabra.

[ABU, CEL, GRO, MAQ, TIB, TEN]

a) Que no tiene o no muestra educación; que es de mal gusto.

....

b) Que tiene una temperatura media entre el frío y el calor.

....

c) Que lleva color por la cara para representar un personaje de teatro o de cine, o para salir en la televisión.

....

d) Que se da en gran cantidad; que es numeroso.

....

e) Que se mantiene firme en sus ideas o intenciones.

....

f) Que tiene fama y es muy conocido.

....

 Relaciona estas frases hechas con las oraciones que aparecen a continuación.

[meter la pata, bajar la guardia, echar una mano,
lavarse las manos, dar la lata, dejar en la estacada]

a) El torero creyó que el toro ya estaba muerto y se acercó sin tomar precauciones; por eso recibió la cornada.

....

b) Llevamos muchos meses denunciando sus agresiones, pero la policía no investiga el asunto ni toma medidas.

....

c) Cuando tuviste problemas, tus amigos no te ayudaron y te dejaron solo.

....

d) Pero mira que eres torpe, ya has vuelto a equivocarte.

....

e) Anda, déjame que te ayude a montar la tienda de campaña, que tú solo no puedes.

....

f) Este hombre es un pelmazo; no hay manera de librarse de él, y siempre está contándome sus problemas.

....

78 Indica la palabra a la que se refiere cada una de las definiciones teniendo en cuenta que en la serie se dan las tres primeras letras de cada palabra.

[EFI, EXQ, REP, SAR, DIG, FOR]

a) Que acostumbra usar dichos irónicos y crueles con que, indirectamente, molesta e insulta.

....

b) Que obra o funciona de una manera adecuada; que produce un efecto deseado.

....

c) Que es o viene de otro lugar.

....

d) Doblado muchas veces.

....

e) Que merece una cosa.

....

f) Que es de gran calidad y buen gusto.

....

79 **Relaciona estos adjetivos con las oraciones que aparecen a continuación.**

[fogoso, acordado, literal, equilibrado, mareado, confiado]

a) El trato consistía en que yo le explicaría las raíces cuadradas y ella me enseñaría a bailar salsa.

....

b) Pensabas que todo el mundo iba a aceptarte sin que importara tu problema.

....

c) Creo que el reparto ha sido justo, y los dos nos llevamos más o menos la misma cantidad.

....

d) No es que lo haya interpretado mal; es que ha dicho: "No te soporto".

....

e) No sabes controlarte y todo lo haces con pasión y fuerza.

....

f) Cada vez que viajo en barco vomito.

....

80 **Sustituye la definición por la palabra a la que se refiere teniendo en cuenta que en la oración aparece con otra acepción.**

a) La verdad es que Luis tiene un carácter muy **(quinta nota de la escala de cualquier tono, porque es la que domina en el acorde perfecto del mismo)** ....

b) Necesito llamar por teléfono y no hay ninguna cabina. ¿Me prestas tu **(causa o razón)** ....?

c) Te admiro porque estás muy **(contrato por el cual una compañía se compromete a pagar una cantidad de dinero en caso de que se produzca una muerte, un daño o una pérdida, a cambio del pago de una cuota)** .... de ti mismo.

d) Yo no me meto con cómo vas **(prenda de vestir femenina que une en una sola pieza la parte superior y la falda)** .... sino con que estés tan sucio.

e) Te lo digo yo: está mujer no está **(conjunto de hilos torcidos que forman un objeto alargado y flexible que se usa generalmente para atar o sujetar)** ....; está para que la encierren.

f) Si después de ese accidente no te ha pasado nada, no hay duda de que estás **(peinado femenino)** .... por la fortuna.

81 **Indica qué significado de _término_ aparece en cada una de las oraciones.**

a) Tu hermano siempre quiere ser el protagonista; mira, en todas las fotos aparece en primer **término. ( )**

b) Su jefe dijo que volverían a hablar cuando se acercase el **término** de su contrato. **( )**

c) Tengo que resolver un quebrado cuyos **términos** son tres y siete. ¿Puedes ayudarme? **( )**

d) Lo siento pero no podemos hacer nada; los **términos** de la hipoteca son claros en ese aspecto. **( )**

e) Explícamelo de forma más clara: no estoy familiarizado con los **términos** de la Física. **( )**

f) Este río sirve de **término** entre las dos provincias. **( )**

1. Último momento; situación en que termina una cosa; fin, conclusión.
2. Línea que divide los territorios según su organización política.
3. Palabra de una lengua, especialmente la que se usa en una ciencia o técnica.
4. Plano en que se considera dividido un espacio.
5. Número o expresión matemática que forma parte de una operación.
6. Condiciones con que se soluciona un asunto; condiciones con que se establece una relación.

¿Cuál es el significado del verbo *escurrir*?

a) Inventar o pensar para tratar de resolver una cosa.

b) Producirse un hecho.

c) Quitar la humedad, el líquido o las gotas que hay en una superficie o en otra cosa.

d) Mojar trozos de pan u otro alimento con grasa o salsa.

e) Hacer que una cosa pierda el líquido que contiene.

f) Expulsar jugo las plantas.

Indica la palabra a la que se refiere cada una de las definiciones teniendo en cuenta que en la serie se dan las tres primeras letras de cada palabra.

AHO, ACO, LAM, MUL, HUE, MAT

a) Señal que queda en el suelo al pisar una persona o un animal o al pasar una cosa.

....

b) Trabajo u ocupación.

....

c) Expresión del dolor o de la pena que se siente.

....

d) Cantidad de una cosa que se guarda o que no se gasta.

....

e) Diferencia pequeña que distingue dos cosas parecidas.

....

f) Conjunto grande de personas.

....

 Indica qué significado de *estudio* aparece en cada una de las oraciones.

a) Ese autor tiene publicado un **estudio** sobre la reproducción de los pingüinos en las noches de verano. ( )

b) Es un músico que prefiere el escenario al **estudio** de grabación. ( )

c) Seamos realistas: con nuestro sueldo sólo podemos alquilar un **estudio**. ( )

d) Para pintar este cuadro el artista realizó muchos **estudios** previos. ( )

e) Para su padre el **estudio** está por encima de la diversión. ( )

f) Lleva todo el día encerrado en su **estudio** y sólo sale para ir al cuarto de baño. ( )

1. Ejercicio o esfuerzo que la mente hace para comprender o aprender.

2. Obra en que se estudia un asunto.

3. Habitación de una casa que se usa para estudiar o trabajar.

4. Lugar donde se graban películas, emisiones de radio y televisión, discos u otras cosas.

5. Piso pequeño destinado a vivienda de una o dos personas.

6. Dibujo que se hace como prueba o modelo.

¿Cuál es el significado del verbo *extrañar*?

a) Separar de un cuerpo o sustancia.

b) Notar o sentir la falta de una persona o cosa.

c) Aplicar a un campo las conclusiones conseguidas en otro.

d) Perder o dejar de estar en un lugar conocido.

e) Padecer retenciones de excrementos en el intestino.

f) Fastidiar o molestar.

Relaciona estos adjetivos con las oraciones que aparecen a continuación.

[diminuto, acaparador, cargado, transitorio, influido, inaccesible]

a) Ese ciclista es muy ambicioso; fíjate que va el primero en todas las clasificaciones.

....

b) En mi piso no caben más de dos personas.

....

c) Este escultor no concede ninguna entrevista ni se deja fotografiar.

....

d) Uno de los efectos secundarios del medicamento es que se cae el pelo, pero ya me está volviendo a salir.

....

e) No hay más que ver uno de tus cuadros para saber que eres discípulo de Picasso.

....

f) Déjame ayudarte; llevas muchas bolsas y al final se te va a caer alguna.

....

Indica la palabra a la que se refiere cada una de las definiciones teniendo en cuenta que en la serie se dan las tres primeras letras de cada palabra.

$$\left[\text{MAT, IMP, EXH, CRI, HOS, ARG} \right]$$

a) Que siente un enfado muy grande y violento.

....

b) Que es o se considera propio de la madre.

....

c) Propio del razonamiento que se emplea para probar o demostrar una proposición, o bien para convencer a otro de aquello que se afirma o se niega.

....

d) Que está muy cansado.

....

e) Que se enfrenta o es enemigo de una persona.

....

f) Que no tiene ningún fallo o mancha; que está en perfecto estado.

....

88

¿Qué significa *acicalar*?

a) Que tiene forma de aguja.

b) Cubrir con cal una superficie.

c) Llegar una embarcación a un punto de la costa, como fin de su viaje o para continuar después la navegación.

d) Mover a una persona a realizar una acción.

e) Dejar o quedarse una embarcación en arena o piedras, quedando sin movimiento.

f) Adornar, arreglar o poner elegante.

Indica la palabra a la que se refiere cada una de las definiciones teniendo en cuenta que en la serie se dan las tres primeras letras de cada palabra.

$$\left[\text{CEG, RUP, CHI, COR, DIS, PRI}\right]$$

a) Comportamiento en el que se demuestra la atención y el respeto hacia los demás.

....

b) Edificio o local en el que la autoridad encierra a los que han obrado contra la ley.

....

c) Historia corta o dibujo que hace reír.

....

d) Fin o interrupción, especialmente de una relación.

....

e) Falta completa del sentido de la vista.

....

f) Uso o aprovechamiento de una cosa; goce de una condición o de una circunstancia.

....

90 **Sustituye la definición por la palabra a la que se refiere teniendo en cuenta que en la oración aparece con otra acepción.**

a) ''Tortículis'' está mal **(palabra o conjunto de palabras mediante las cuales se dice una cosa o se expresa una idea, especialmente si tiene gracia o contiene una sentencia)** ....

b) Te parecerá **(pez marino comestible, de cuerpo alargado y de color azul oscuro con rayas)** .... lo que has hecho.

c) Vaya, no queda gasolina en el depósito; está **(espacio que no contiene aire ni otra materia)** ....

d) Mi padre nunca pierde los nervios; es muy **(persona que padece una enfermedad)** ....

e) Para hacer el vino la uva tiene que ser **(señal que deja un pie al pisar)** ....

f) Al verse descubierta se quedó **(proceso en el que las aves y otros animales cambian su pluma o su piel)** ....

Ejercicios
de léxico

Claves

1

a) Aunque se conservaba joven, era una mujer **entrada en años.**

b) Un buen amigo nunca **te dejará en la estacada.**

c) Ante aquel rival era peligroso **bajar la guardia.**

d) La heredera acudió a la recepción **vestida de gala.**

e) Si necesitas ayuda **te echaré una mano.**

f) Juan **se lavó las manos** en ese asunto.

g) Ese niño es insoportable: no deja de **dar la lata.**

h) El caballo llegaba **al galope.**

2

Posibles respuestas

a) Los bancos quieren clientes **solventes.**

b) La huerfanita **desvalida** hacía tres días que no comía.

c) Su economía se encuentra en una situación **precaria.**

d) Tiene un aspecto **terrorífico.**

e) Tras la casa había un bosque **inmenso.**

f) El domador tenía un hijo **insumiso.**

3

fétido - hediondo

liviano - plomizo

insípido - sabroso

calamitoso - nefasto

chismoso - discreto

aséptico - efusivo

4

a) Ha sido condenada a prisión. Cuando caminas por la calle puedes encontrar sus "pasos".
   (cebra)

b) Es muy pequeña y suele viajar en chucho (si éste es flaco, mejor). Salta mucho.

(pulga)

c) Es el más tacaño de los animales; nunca invita a nada. Le gusta rebuscar en la basura.

(rata)

d) Su máxima es "el muerto al hoyo y el vivo al bollo". Procura beneficiarse de los demás. Un auténtico carroñero.

(buitre)

e) La mejor madre. Se dedica a cuidar niños.

(canguro)

f) Astuto. Su signo es la "z".

(zorro)

5

a) En **mi casa** no entras con esa pinta. ¿Has visto qué **CAMISA?** Está llena de manchas de todos los colores.

b) Mi niña, no llores tanto cuando te **riño,** pues lo hago con todo **CARIÑO.** Pero no debes beber agua de ese **caño;** aunque es muy **rica,** está demasiado fría.

c) Esta mesa la hice yo con **MADERA** sacada **de la rama** de un hermoso roble.

d) Esa **dama** ya no **poda** el seto, y en la herida del dedo se echa **POMADA.**

6

a) La policía **decomisó** toda la mercancía de **contrabando.**

b) El **juez** condenó a tres años de prisión al jefe de la **secta.**

c) El jurado **absolvió** al **delincuente.**

d) Sus problemas de **aerofagia** le convertían en un ser **hediondo.**

e) El reo estaba **acusado** de **chantaje.**

f) Como era previsible, el **lobo** se comió a la **oveja.**

7

a) El balneario me **pilla** lejos de casa.

b) El detenido **infringió** todas las leyes.

c) No **ensambló** las últimas piezas.

d) El juez le **infligió** una pena de cuatro años de prisión.

e) El delincuente **trincó** el primer coche que encontró.

f) De una estocada **ensartó** la salchicha.

8

arañazo - cicatriz

juicio - condena

cadáver - buitre

derroche - hipotecar

flechazo - idilio

pulga - pesticida

9

a) El médico le puso **el / un enema** para combatir el estreñimiento.

b) **El ánfora** que encontraron estaba muy deteriorada.

c) Le encanta practicar **senderismo.**

d) La somnolencia se la provocó **la píldora** que se tomó.

e) **Las vicisitudes** les impidieron atrapar al delincuente.

f) El pastor portaba **la / una antorcha.**

10

a) d<u>o</u>m<u>ador</u>

b) ch<u>antaje</u>

c) pr<u>otuberante</u>

d) m<u>o</u>nd<u>a</u>d<u>ientes</u>

e) imp<u>acto</u>

f) r<u>ur</u>al

11

Posibles respuestas

a) La toalla me irrita la piel; es demasiado **áspera.**

b) Fue tan **rápido(a)** en su respuesta que desconcertó al público.

c) Los internautas solicitaron a la compañía telefónica una tarifa **plana.**

d) Había una niebla tan **espesa** que no se podía ver.

e) Había muchas cuestas; era un terreno muy **escarpado.**

f) Le gusta el café muy **dulce,** por eso le echa siempre muchísimo azúcar.

12

a) Es una chica muy atenta pese a que se pasa el día en las nubes.
(azafata)

b) Aunque pierda el juicio no es a él a quien encierran.
(abogado)

c) No es científico, pero suele trabajar con ratones y virus.
(informático)

d) Lo suyo es la red (pero no Internet) y la caña (pero no de cerveza).
(pescador)

e) Echa por tierra sus esperanzas; unos meses después las recolecta.
(labrador / campesino)

f) Es el padre de muchísimos hermanos de distintas madres; todos le sacan la lengua.
(cura / sacerdote)

13

a) Los locos suelen usarlo como gorro.
(embudo)

b) Bajo presión rinde más, sobre todo si se calienta.
(olla)

c) Es un entretenimiento que, si al comprarlo no estuviera roto, habría que cambiarlo por otro.
(puzzle)

d) Pese a no tener sentimientos, puede pasar de la envidia a la vergüenza con un pequeño periodo ámbar.
(semáforo)

e) Algunos perros las llevan pero ninguno se las pone.

(zapatillas)

f) Siempre está inmóvil en mitad de la calle y, sin necesidad de entrar a un restaurante, come "a la carta".

(buzón)

g) Si se enrolla nadie la pisa.

(alfombra)

14

a) A este lugar los "alumnos", todos mayores de edad, sólo acuden una vez cada varios años.

(colegio electoral)

b) Desde que existen los lavaplatos sólo nos queda una opción en este lugar: pagar.

(restaurante)

c) En este lugar trabaja gente que viste de blanco. Cuando fracasan, comienzan a trabajar otros que visten de negro.

(hospital)

d) Que no te dé mala espina ni te escame, pero en este lugar hay un hombre con un cuchillo y no es raro oír a los clientes pidiéndole que les saque los ojos o les corte las cabezas.

(pescadería)

e) En este lugar resulta habitual ver "chorizos" en manos de personas uniformadas.

(comisaría)

f) Aquí pueden mostrar más o menos interés por ti; no obstante, su interés siempre será mayor que el tuyo.

(banco)

15

a) Medicina de pequeño tamaño, generalmente redonda: **píldora**

b) Cantidad de dinero con la que se paga un servicio o un trabajo: **salario**

c) Grupo de personas unidas por motivos laborales o profesionales: **colectivo**

d) Movimiento fuerte y violento por el que se expulsa por la nariz y la boca el aire de los pulmones: **estornudo**

e) Señal de una herida que queda en la piel: **cicatriz**

f) Mezcla hecha con grasa y otras sustancias, que se emplea como medicina de uso exterior: **pomada**

16

a) Recipiente, generalmente de barro, de boca y pie estrechos y la parte del centro más ancha, que suele usarse para contener y transportar líquidos: **cántaro**

b) Saco de tela; billete de mil pesetas: **talego**

c) Agujero en una superficie: **hueco**

d) Tablero de mandos de un automóvil, situado delante del asiento del conductor: **salpicadero**

e) Trozo grueso de madera, cera u otro material combustible, al que se prende fuego por uno de sus extremos para dar luz: **antorcha**

f) Mueble con puertas de cristal en el que se guardan objetos que pueden verse a través de ellas: **vitrina**

17

a) Golpe que se da de punta con la espada o el estoque: **estocada**

b) Tiempo que se dedica al trabajo en un día o en una semana: **jornada**

c) Proyecto o sistema ideal, imposible de realizar: **utopía**

d) Hombre que monta a caballo: **jinete**

e) Persona que se dedica a domar y manejar animales salvajes, generalmente peligrosos: **domador**

f) Persona que se expone a un grave peligro o sufre por culpa de otra: **víctima**

18

Mi hermano es **domador.** Hace unos años le gustaba ir de **caza; cebras, ciervos, osos** y **zorros** solían ser sus **víctimas.** Tenía una puntería excelente tanto con la escopeta como con la **pistola.** Un día vio cómo un **lobo** atacaba a unas **ovejas.** Mi hermano no lo dudó y disparó varias veces. Un **pastor** se le acercó enfurecido: el **lobo** era en realidad su **perro,** que estaba agrupando el rebaño. Mi hermano no tenía **dinero** para pagar. Desde entonces debe cumplir con la labor que desempeñaba el perro, aunque él prefiere decir que es **domador** de **ovejas.**

19

a) Sólo los ricos pueden ser clientes de ese **balneario.**

b) La policía encontró un **cadáver** en el lago.

c) Tenía muchas pecas por la cara y su pelo era de color **azafrán.**

d) La flecha no llegó ni a clavarse en la **diana.**

e) Cuenta una **leyenda,** que en las noches de luna llena los muertos tornaban a la vida.

f) En este bosque está prohibido **talar.**

20

chucho - perro

reo - juez

manantial - arroyo

móvil - telefonía

pomada - píldora

periquito - buitre

21

a) La ausencia de intermediarios **abarata** la mercancía.

b) El juez **se apiadó de** la acusada y no la condenó.

c) El delincuente **aceleró** para huir de la policía.

d) Llegó antes que vosotros porque **atajó.**

e) Ese banco **financia** la campaña del alcalde.

f) La muchedumbre **lapidaba** al reo.

22

a) El equipo de baloncesto tenía una **mascota.**

b) Con la uña le hice un **arañazo** en la cara.

c) Al reo lo arrojaron al **calabozo** más oscuro y frío del castillo.

d) El domador tenía preparado un número con **cebras** pero no lo pudo realizar.

e) El jinete no quería que su montura fuera a **galope tendido.**

f) Los habitantes de la isla temían que el volcán entrara en **erupción.**

23

a) Un torero nunca deja a un amigo en la **estacada.**

b) Si queremos que el atraco sea un éxito no podemos bajar **la** guardia.

c) La futura mamá tuvo que hacerse una **ecografía.**

d) La mujer seguía **empeñada** en tener un hijo.

e) Es muy fácil engañarlo; este invierno fue víctima de varias **estafas.**

f) Como no era **solvente** no pudo pagar sus deudas.

24

e) No aprobar o rechazar algo.

25

d) Entrar una corriente de agua en el mar.

26

a) Transformación del hielo o de la nieve en agua: **deshielo**

b) Empleo malo o mal aprovechamiento de una cosa: **desperdicio**

c) Descuido o falta de preocupación: **desidia**

d) Que tiene un color débil o pálido; que es poco claro: **desvaído**

e) Que está falto de ayuda o apoyo: **desvalido**

f) Falta de respeto a una persona o una autoridad: **desacato**

27

a) Lo dominaba la **codicia;** no se contentaba con lo que tenía y quería más y más.

b) El pobre hombre fue víctima de una **estafa:** creyó que le estaban vendiendo la cate-dral de Burgos y les dio doce mil euros.

c) El hombre trataba a su perro a patadas y el panadero se peleó con él porque no soporta la **crueldad.**

d) Había hombres que intentaban hacerle daño con acusaciones falsas. La **calumnia** es un delito, así que los denunció.

e) Si no sale bien perderemos millones, pero es un **riesgo** que hay que asumir.

f) Antes que pelearme prefiero huir, ya que detesto la **violencia.**

28

caza - coto

recipiente - cántaro

basura - vertedero

diana - pistola

pandemónium - infierno

aerofagia - ventosidad

29

a) Los toreros se quejaron de su **jornada** laboral.

b) El rey salió de caza, pero no consiguió atrapar ningún **ciervo.**

c) Se ha comprado un **jarrón** de porcelana.

d) No podía cerrar la botella de limonada porque no encontraba el **tapón.**

e) El **enema** era completamente necesario para solucionar su problema de estreñi-miento.

f) Por culpa de la tormenta y de las innumerables averías el avión iba dando **tumbos.**

30

a) Si no tienes fuerza ni para abrir esa botella, está claro que sufres de **anemia.**

b) Me preocupa su **apatía;** no siente interés por nada ni tiene afición alguna.

c) Si no pones más interés en el trabajo, te despediré por tu **desidia.**

d) Antes de encargar la obra, tendremos que pedir un **presupuesto** para saber cuánto nos va a costar.

e) No puedes conducir porque ese medicamento provoca **somnolencia** y podrías dormirte al volante.

f) Lo que ese juez ha hecho se llama **prevaricación:** ha condenado a un hombre sabiendo que era inocente.

31

d) Conjunto de conocimientos o información de que dispone una persona.

32

a) Punto de unión de ciertas partes del cuerpo: **comisura**

b) Perro que no es de raza o que no tiene dueño: **chucho**

c) Persona que se dedica a cuidar ganado: **pastor**

d) Amenaza o presión con la que se obliga a obrar a una persona de una manera determinada para sacar provecho: **chantaje**

e) Persona poco educada o de costumbres rústicas: **cateto**

f) Prenda interior femenina que sirve para apretar el cuerpo desde el pecho hasta más abajo de la cintura: **corsé**

33

a) La meteorología impidió la **emisión** por televisión de la carrera ciclista.

b) El soldado murió al pisar la **mina.**

c) Lo metieron en el calabozo por no levantarse con el toque de **diana.**

d) Su abuelo decidió contarles una vieja **leyenda.**

e) Estaba enfermo y tenía que tomar cada tres horas una **cápsula.**

f) El torero fue aplaudido por su gran **faena.**

34

b) Aspecto que presenta un asunto o negocio.

35

a) as<u>no</u>

b) all<u>a</u>n<u>a</u>mi<u>ento</u>

c) esc<u>ua</u>dr<u>a</u>

d) c<u>i</u>c<u>a</u>tr<u>i</u>z

e) resp<u>o</u>ns<u>a</u>b<u>i</u>l<u>i</u>z<u>a</u>rs<u>e</u>

f) inf<u>ie</u>rn<u>o</u>

36

a) Abrió el **contenedor** para depositar la basura.

b) En aquella **granja** se criaban pollos y conejos.

c) No teníamos agua porque se había roto una **tubería.**

d) Los delincuentes llaman "talego" a la **prisión.**

e) El pastor estaba esquilando a sus **ovejas.**

f) El **lucero** brillaba en el cielo.

37

a) Su vecina es una mujer **chismosa.**

b) El rey murió **decapitado.**

c) Sólo pedían un reparto **equitativo.**

d) Los novatos tienen que tratar de aprender de los **veteranos.**

e) Las declaraciones del ministro fueron totalmente **asépticas.**

f) No temas contarle tu secreto ya que es **discreto.**

38

a) **Recipientes:** ánfora, cántaro, botijo, botella, lata.

b) **Medicación:** cápsula, gragea, píldora, pomada, supositorio.

c) **Animales:** asno, jabalí, oso, trucha, tortuga, nutria.

39

a) Conjunto de personas elegidas para desempeñar una labor determinada: **comité**

b) Habitante imaginario de Marte: **marciano**

c) Que no es justo; que no obra con justicia: **inicuo**

d) Actividad ilegal que consiste en comerciar con productos prohibidos: **contrabando**

e) Que no es malo; que no hace daño: **inocuo**

f) Lista donde figuran las personas que viven en un lugar: **padrón**

40

a) Había dejado un tomate en el sillón y su suegra se sentó encima.

   (despachurrado)

b) El reo cogió el mazo del juez y le golpeó en la cabeza.

   (desacato)

c) Su tío ha estado en cinco continentes y ha visitado más de cien países.

   (trotamundos)

d) Un día lleva el pelo rubio y al siguiente moreno.

   (teñir)

e) No soporta los lugares cerrados ni el olor a perfume.

   (fobia)

f) Cuando lo despidieron del trabajo su secretario dimitió y se fue con él.

   (lealtad)

41

a) Que siente una admiración o placer grande.

42

e) Que come mucho y con ganas.

43

a) mezcaldo (mezcla + caldo) **(4)**

b) paralijado (paralizado + lijar) **(3)**

c) plebello (bello + plebeyo) **(5)**

d) vergozoso (vergonzoso + gozoso) **(1)**

e) velnerable (venerable + vulnerable) **(6)**

f) derruidado (derruido + derribar + ruido) **(2)**

44

e) Arrepentimiento por una cosa mal hecha.

45

a) Mi vecino sólo piensa en ahorrar dinero y hacerse cada vez más rico.

   (avaro / tacaño)

b) Su hermano siempre nos invita al cine y nos compra caramelos.

   (generoso / espléndido)

c) Me gusta muchísimo comer pasteles, tartas y todo tipo de cosas dulces.

   (goloso)

d) Tu tío está siempre tumbado sin ganas de trabajar ni de hacer nada.

   (perezoso / vago / holgazán)

e) A nuestro abuelo le gusta mucho estar en casa con la familia.
   (hogareño)

f) Pues confiar en él; siempre dice la verdad.
   (honesto)

46

a) Ha fabricado un insecticida **inodoro.**

b) Tenemos un vale **canjeable** por dos botellas de cava.

c) Desde la explosión llevo unos días **sordo.**

d) El nadador tiene las piernas **depiladas** para poder desplazarse más rápido por el agua.

e) El sótano quedó **inundado** por culpa del desbordamiento del río.

f) Me he comprado un vestido que tenía un precio **rebajado.**

47

a) Quitar o perder el ánimo o la energía: **desalentar**

b) Romper, generalmente una tela o material delgado al tirar de él: **desgarrar**

c) Señalar a una persona o cosa para un fin determinado: **designar**

d) Ser o tener origen; provocar: **desencadenar**

e) Emplear mal o no aprovechar debidamente: **desperdiciar**

f) Arrancar de raíz un árbol o una planta: **desarraigar**

48

a) abastonecer (abastecer + bastón) **(3)**

b) escuatrosar (estresar + cuatro) **(5)**

c) protejer (proteger + tejer) **(6)**

d) trankilozar (tranquilizar + kilo) **(1)**

e) envellecer (embellecer + vello) **(4)**

f) ellevar (llevar + elevar) **(2)**

49

a) Todas las tardes me tomo un vaso de leche **tibia.**

b) Me encanta esta camisa pero me parece un poco **cara.**

c) Tu primo trabaja mucho pero tú eres muy **vago.**

d) Te crees muy inteligente pero no eres tan **lista.**

e) Me gusta tu **nueva** colonia.

f) Mi coche es más barato pero menos **rápido.**

50

a) Ya no te aguanto más.
   (harto)

b) Si empieza a hablar contigo ya no te deja en toda la tarde.
   (pelmazo)

c) La verdad es que hoy no se ve ni una nube.
   (soleado)

d) Llevo tres días sin probar bocado.
   (hambriento)

e) Es capaz de salir de casa sin pantalones y no enterarse hasta una hora después.
   (despistado)

f) Pero cómo te puede gustar ese chico, si es un fideo.
   (delgado)

51

a) diferente: diferencia, diferenciar / diferir

b) cobarde: cobardía, acobardar

c) blanco: blancura, blanquear

d) falso: falsedad, falsear

e) frío: frialdad / frío, enfriar

f) negro: negrura, ennegrecer

52

revoltoso - travieso

angustiado - atemorizado

despejado - soleado

demorado - retrasado

sereno - equilibrado

irascible - enfadado

53

e) Que muestra orgullo o se cree muy importante.

54

b) Que hace daño; que es peligroso.

55

a) Ahora mismo no sé decirte dónde está el centro de la ciudad.

(desorientado)

b) Este dictador lleva más de cuarenta años en el poder.

(inamovible)

c) Mi abuela se olvidó dentro del armario un kilo de carne y hasta un mes más tarde no se acordó de él.

(pútrido)

d) No le dejes tocar esa porcelana tan delicada, que seguro que se le cae.

(torpe)

e) Aunque no está firmado todo el mundo piensa que este cuadro lo pintó Goya.

(atribuido)

f) El niño siente que sus padres se ocupan más de su hermanito que de él.

(desplazado)

56

e) Que no muestra respeto o consideración.

57

a) No te puedes quejar: tu despensa siempre está llena.

(abastecido)

b) Estábamos cavando en el jardín y nos encontramos un cofre con monedas.

(enterrado)

c) En unos años el hombre pondrá su pie en Marte.

(hollado)

d) Ese león no ataca a nadie; desde pequeño ha vivido entre los humanos.

(manso)

e) Desde luego, tu hermano le saca punta a todo; para cualquier asunto siempre tiene algo divertido e inteligente que decir.

(agudo)

f) Sólo a ti se te ocurre salir sin paraguas con todo lo que está cayendo.

(empapado)

58

a) absllevado (abstraído + llevado) **(5)**

b) fuertito (fuerte + fortuito) **(2)**

c) quemablanda (blanda + quemadura) **(4)**

d) azulterado (adulterado + azul) **(6)**

e) estupido (estúpido + tupido) **(1)**

f) feótido (feo + fétido) **(3)**

59

e) Que renuncia a la práctica del sexo o lo practica siguiendo principios morales.

60

a) Que puede recibir formas muy diversas.

61

a) Mira cómo juega al fútbol; es el jugador más **torpe** que conozco.

b) Esta mesa tiene la superficie **lisa.**

c) Nunca he tomado una sopa más **sabrosa.**

d) ¿Qué hora es? Creo que mi reloj va **adelantado.**

e) Aunque no te lo creas, Juan está muy **cuerdo.**

f) La herida del brazo parece **leve.**

62

a) Entre los nombres de las personas que asistieron al acto no estaba el de mi madre, aunque fue una de las más destacadas.

(omisión)

b) El niño estaba jugando con la botella de lejía.

(peligro)

c) Todos los días bajo a desayunar al bar de la esquina y luego me voy a comprar el periódico.

(rutina)

d) El fontanero usaba el soplete para reparar la tubería.

(soldadura)

e) Aunque el juez sabía que yo era culpable decidió darme una nueva oportunidad.

(clemencia)

f) Me gustaría tener un coche como el de mi vecino.

(envidia)

63

a) A uno de los hermanos lo dominaba la **lujuria.**

b) Esa chica va siempre muy **acicalada.**

c) Es un perro muy **fiel.**

d) Es la persona más **torpe** que te puedas imaginar.

e) Estoy preocupado por él; últimamente muestra una actitud **infantil.**

f) Su padre tuvo una vida **desgraciada / desafortunada.**

64

c) Que no se siente atraído por nada ni nadie.

65

a) Se empeñó en que fuéramos a cenar a un restaurante libanés.
   (capricho)

b) El último día de las vacaciones no se podía circular por las carreteras.
   (retención)

c) Cuando su jefe se enteró de que estaba robando dinero de la empresa lo puso de patitas en la calle.
   (despido)

d) No es posible que el alcalde sea también el presidente de la región; no es legal.
   (incompatibilidad)

e) Echa de menos a su familia y las fiestas de su pueblo.
   (nostalgia)

f) No consigue dejar de pensar en su difunta esposa.
   (obsesión)

66

a) Mi novia está más bonita cuando no se pone **sombra** de ojos.

b) Los acreedores lo persiguen y está en la más absoluta **ruina.**

c) La **fuga** del preso tuvo éxito.

d) El borracho no acertaba a meter la llave en la cerradura y tuvo que ayudarle el **sereno.**

e) Me da **pena** que no puedas ir a la fiesta.

f) Ahora está bien, pero durante una época tuvo problemas de **depresión.**

67

a) Los enamorados grabaron un corazón con sus iniciales en la **corteza** del árbol.

b) El gato **lamía** la leche del plato.

c) Está pensando en abandonar su apartamento y trasladarse a un **piso.**

d) Fue acusado de **adulterar** algunos alimentos.

e) Me parece **aberrante** que vayas gritando por la calle.

f) La policía ha logrado **aprehender** un cargamento de droga.

68

a) Envenenó a su hermano para quedarse con toda la herencia.
   (mezquino)

b) No importaba qué le pidiese a su secretario; unos minutos más tarde lo tenía.
   (eficiente)

c) No puedo preparar paella si no tengo arroz.
   (básico)

d) Eres un guarro; deja de meterte el lápiz en la boca.
   (chupado)

e) Aunque no me dijo que sí, por su forma de comportarse creo que está de acuerdo con nosotros.
   (tácito)

f) Sé que el chocolate engorda mucho, pero me apetece muchísimo comérmelo.
   (tentado)

69

c) Que tiene la mente despierta y rápida; que es capaz de comprender con claridad.

70

e) Enfadarse o sentirse molesto.

71

a) soverbo (soberbio + verbo) **(5)**

b) travierso (travieso + verso) **(4)**

c) asperezoso (áspero + perezoso) **(6)**

d) descorado (escorado + descarado) **(2)**

e) halagancia (elegancia + halago) **(1)**

f) manotonía (monotonía + mano) **(3)**

72

a) En su país imaginario no existían los problemas y se respiraba una atmósfera **armónica.**

b) Fumaba tanto que ahora sufre una faringitis **crónica.**

c) Esa excusa está ya muy **vista;** invéntate algo mejor.

d) Él se quedó con su primo y el **resto** de sus amigos se fue a sus casas.

e) Todas las semanas va a la cárcel a visitar a su madre, que está **presa.**

f) La verdad es que en este parque se respira un aire muy **puro.**

73

a) Su amigo está todo el día metiéndose el dedo en la nariz.
   (guarro)

b) Tengo que comprar un nuevo cartucho de tinta para mi estilográfica.
   (recargable)

c) Tú siempre vas sucio pero hoy vas hecho un pincel; esa camisa no tiene ni una mancha.
   (impoluta)

d) De momento su padre no le deja venir con nosotros porque no está muy seguro de que sea una buena idea.

(reticente)

e) Espero que llegue un momento en que no haya guerras y los hombres vivamos en paz.

(utópico)

f) A mi vecino le gusta mucho hacer bromas y contar historias divertidas.

(chistoso)

74

b) Provocación a una persona para enfrentarse a ella física o verbalmente.

75

a) Ruido continuado y suave que se produce al hablar bajo.

76

a) Que no tiene o no muestra educación; que es de mal gusto: **grosero**

b) Que tiene una temperatura media entre el frío y el calor: **tibio**

c) Que lleva color por la cara para representar un personaje de teatro o de cine, o para salir en la televisión: **maquillado**

d) Que se da en gran cantidad; que es numeroso: **abundante**

e) Que se mantiene firme en sus ideas o intenciones: **tenaz**

f) Que tiene fama y es muy conocido: **célebre**

77

a) El torero creyó que el toro ya estaba muerto y se acercó sin tomar precauciones; por eso recibió la cornada.

(bajar la guardia)

b) Llevamos muchos meses denunciando sus agresiones, pero la policía no investiga el asunto ni toma medidas.

(lavarse las manos)

c) Cuando tuviste problemas tus amigos no te ayudaron y te dejaron solo.

(dejar en la estacada)

d) Pero mira que eres torpe, ya has vuelto a equivocarte.

(meter la pata)

e) Anda, déjame que te ayude a montar la tienda de campaña, que tú solo no puedes.

(echar una mano)

f) Este hombre es un pelmazo; no hay manera de librarse de él, y siempre está contándome sus problemas.

(dar la lata)

78

a) Que acostumbra usar dichos irónicos y crueles con que, indirectamente, molesta e insulta: **sarcástico**

b) Que obra o funciona de una manera adecuada; que produce un efecto deseado: **eficaz**

c) Que es o viene de otro lugar: **foráneo**

d) Doblado muchas veces: **replegado**

e) Que merece una cosa: **digno**

f) Que es de gran calidad y buen gusto: **exquisito**

79

a) El trato consistía en que yo le explicaría las raíces cuadradas y ella me enseñaría a bailar salsa.

(acordado)

b) Pensabas que todo el mundo iba a aceptarte sin que importara tu problema.

(confiado)

c) Creo que el reparto ha sido justo, y los dos nos llevamos más o menos la misma cantidad.

(equilibrado)

d) No es que lo haya interpretado mal; es que ha dicho: "No te soporto".

(literal)

e) No sabes controlarte y todo lo haces con pasión y fuerza.

(fogoso)

f) Cada vez que viajo en barco vomito.

(mareado)

80

a) La verdad es que Luis tiene un carácter muy **dominante.**

b) Necesito llamar por teléfono y no hay ninguna cabina. ¿Me prestas tu **móvil?**

c) Te admiro porque estás muy **seguro** de ti mismo.

d) Yo no me meto con cómo vas **vestido** sino con que estés tan sucio.

e) Te lo digo yo: está mujer no está **cuerda;** está para que la encierren.

f) Si después de ese accidente no te ha pasado nada, no hay duda de que estás **tocado** por la fortuna.

81

a) Tu hermano siempre quiere ser el protagonista; mira, en todas las fotos aparece en primer **término. (4)**

b) Su jefe dijo que volverían a hablar cuando se acercase el **término** de su contrato. **(1)**

c) Tengo que resolver un quebrado cuyos **términos** son tres y siete. ¿Puedes ayudarme? **(5)**

d) Lo siento pero no podemos hacer nada; los **términos** de la hipoteca son claros en ese aspecto. **(6)**

e) Explícamelo de forma más clara: no estoy familiarizado con los **términos** de la Física. **(3)**

f) Este río sirve de **término** entre las dos provincias. **(2)**

82

e) Hacer que una cosa pierda el líquido que contiene.

83

a) Señal que queda en el suelo al pisar una persona o un animal o al pasar una cosa: **huella**

b) Trabajo u ocupación: **acomodo**

c) Expresión del dolor o de la pena que se siente: **lamento**

d) Cantidad de una cosa que se guarda o que no se gasta. **ahorro**

e) Diferencia pequeña que distingue dos cosas parecidas: **matiz**

f) Conjunto grande de personas: **multitud**

84

a) Ese autor tiene publicado un **estudio** sobre la reproducción de los pingüinos en las noches de verano. **(2)**

b) Es un músico que prefiere el escenario al **estudio** de grabación. **(4)**

c) Seamos realistas: con nuestro sueldo sólo podemos alquilar un **estudio. (5)**

d) Para pintar este cuadro el artista realizó muchos **estudios** previos. **(6)**

e) Para su padre el **estudio** está por encima de la diversión. **(1)**

f) Lleva todo el día encerrado en su **estudio** y sólo sale para ir al cuarto de baño. **(3)**

85

b) Notar o sentir la falta de una persona o cosa.

86

a) Ese ciclista es muy ambicioso; fíjate que va el primero en todas las clasificaciones.

(acaparador)

b) En mi piso no caben más de dos personas.

(diminuto)

c) Este escultor no concede ninguna entrevista ni se deja fotografiar.

(inaccesible)

d) Uno de los efectos secundarios del medicamento es que se cae el pelo, pero ya me está volviendo a salir.

(transitorio)

e) No hay más que ver uno de tus cuadros para saber que eres discípulo de Picasso.

(influido)

f) Déjame ayudarte; llevas muchas bolsas y al final se te va a caer alguna.

(cargado)

87

a) Que siente un enfado muy grande y violento: **crispado**

b) Que es o se considera propio de la madre: **maternal**

c) Propio del razonamiento que se emplea para probar o demostrar una proposición, o bien para convencer a otro de aquello que se afirma o se niega: **argumentativo**

d) Que está muy cansado: **exhausto**

e) Que se enfrenta o es enemigo de una persona: **hostil**

f) Que no tiene ningún fallo o mancha; que está en perfecto estado: **impecable**

88

f) Adornar, arreglar o poner elegante.

89

a) Comportamiento en el que se demuestra la atención y el respeto hacia los demás: **cortesía**

b) Edificio o local en el que la autoridad encierra a los que han obrado contra la ley: **prisión**

c) Historia corta o dibujo que hace reír: **chiste**

d) Fin o interrupción, especialmente de una relación: **ruptura**

e) Falta completa del sentido de la vista: **ceguera**

f) Uso o aprovechamiento de una cosa; goce de una condición o de una circunstancia: **disfrute**

90

a) "Tortículis" está mal **dicho.**

b) Te parecerá **bonito** lo que has hecho.

c) Vaya, no queda gasolina en el depósito; está **vacío.**

d) Mi padre nunca pierde los nervios; es muy **paciente.**

e) Para hacer el vino la uva tiene que ser **pisada.**

f) Al verse descubierta se quedó **muda.**